Yellow Umbrella Books are published by Capstone Press,
151 Good Counsel Drive, P.O. Box 669, Mankato, Minnesota 56002.
www.capstonepress.com

Library of Congress Cataloging-in-Publication Data
Trumbauer, Lisa, 1963–
    [Why we measure. Spanish]
    ¿Por qué medimos? / por Lisa Trumbauer.
    p. cm.—(Yellow Umbrella: Mathematics - Spanish)
    Includes index.
    ISBN 0-7368-4134-2 (hardcover)
    1. Mensuration—Juvenile literature. I. Title.
QA465.T7818 2005
530.8—dc22   2004052753

Summary: Explains that people take measurements to find out how tall, how long, how far,
how fast, how heavy, how much, and what size.

Editorial Credits
Editorial Director: Mary Lindeen
Editor: Jennifer VanVoorst
Photo Researcher: Wanda Winch
Developer: Raindrop Publishing
Adapted Translations: Gloria Ramos
Spanish Language Consultants: Jesús Cervantes, Anita Constantino
Conversion Editor: Roberta Basel

Photo Credits
Cover: Rob Van Petten/DigitalVision; Title Page: PhotoLink/PhotoDisc; Page 2: Creatas;
Page 3 - Page 5: Jim Foell/Capstone Press; Page 6: Creatas; Page 7: Joseph Sohm/
ChromoSohm, Inc./Corbis; Page 8: PhotoLink/PhotoDisc; Page 9: PhotoLink/
PhotoDisc; Page 10: D. Berry/PhotoLink/PhotoDisc; Page 11: Stockbyte; Page 12:
Jim Foell/Capstone Press; Page 13: Phil Bulgasch/Capstone Press; Page 14 - Page 16:
Jim Foell/Capstone Press

1 2 3 4 5 6 10 09 08 07 06 05

¿Por qué medimos?

por Lisa Trumbauer

Consultants: David Olson, Director of Undergraduate Studies, and
Tamara Olson, Associate Professor, Department of Mathematical Sciences,
Michigan Technological University

Yellow Umbrella Books

Mathematics - Spanish

an imprint of Capstone Press
Mankato, Minnesota

Medimos para encontrar la altura.

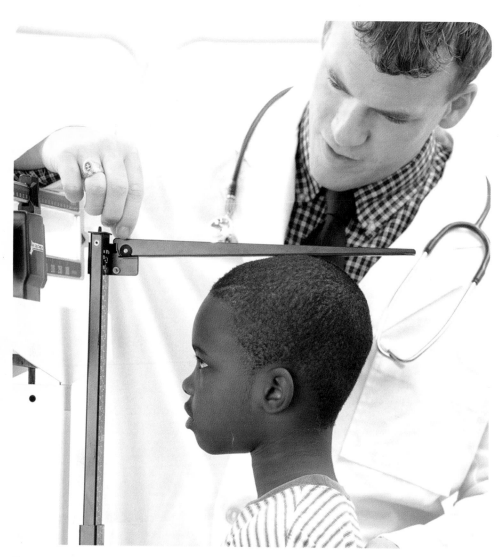

Esto nos dice la altura.

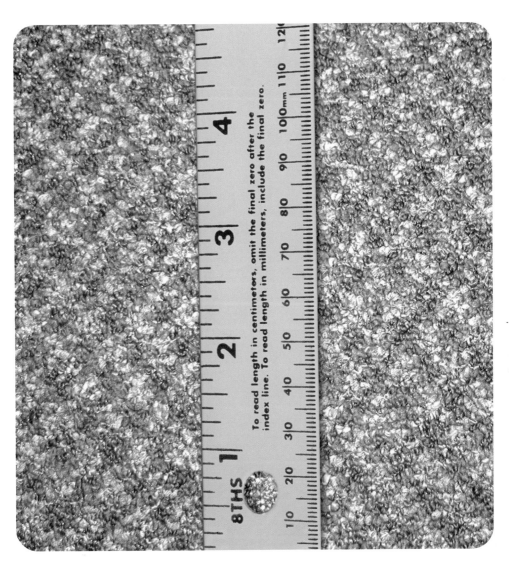

Medimos para encontrar lo largo.

Esto nos dice lo largo.

Medimos para encontrar la distancia.

Esto nos dice la distancia.

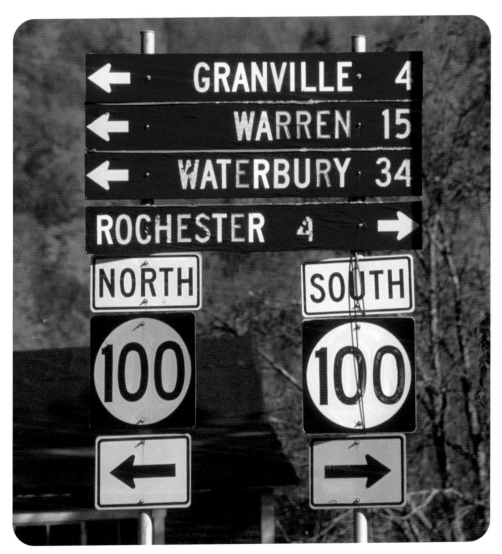

Medimos para encontrar la velocidad.

Esto nos dice la velocidad.

Medimos para encontrar el peso.

Esto nos dice el peso.

Medimos para encontrar el volumen.

Esto nos dice el volumen.

Medimos para encontrar el tamaño.

Esto nos dice el tamaño.

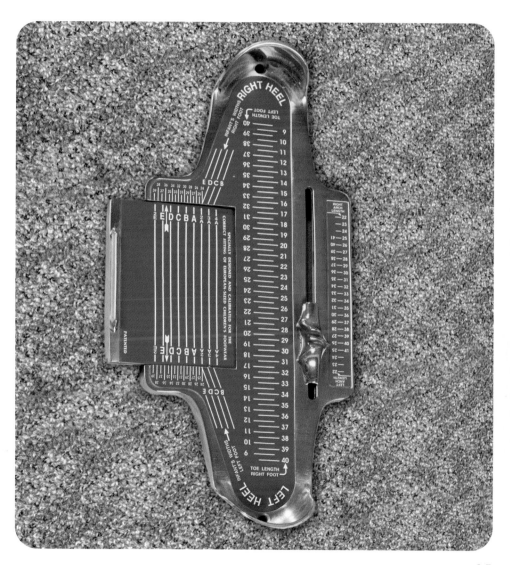

¿Qué puedes medir tú?

Glosario/Índice

(la) altura—elevación que tiene un cuerpo sobre la superficie de la tierra; páginas 2, 3

(la) distancia—espacio que media entre dos cosas; páginas 6, 7

largo—que tiene mucha longitud; páginas 4, 5

medir—determinar las dimensiones, el volumen, el peso o la cantidad de algo; páginas 2, 4, 6, 8, 10, 12, 14, 16

(el) peso—fuerza resultante de la acción de la gravedad sobre un cuerpo; páginas 10, 11

(el) tamaño—conjunto de las medidas físicas de alguien o algo; páginas 14, 15

(la) velocidad—rapidez y ligereza en el movimiento; páginas 8, 9

(el) volumen—espacio y medida del espacio ocupado por un cuerpo; páginas 12, 13

Word Count: 74
Early-Intervention Level: 6